EL UNIVERSO DE
TAYLOR SWIFT

UN HOMENAJE NO OFICIAL
A UN ICONO MODERNO

A LITTLE BIT OF TAYLOR SWIFT
EL UNIVERSO DE TAYLOR SWIFT

Edición original en lengua inglesa: Octopus Publishing Group LTD.

Loreto 13-15, Local B. 08029 Barcelona – España
revertemanagement.com

Fecha de publicación: mayo 2026

2ª impresión: junio 2026

Edición en papel
ISBN: 979-13-88177-10-1

Edición en ebook
ISBN: 978-84-291-0045-7 (PDF)

Editores: Ariela Rodríguez / Ramón Reverté
Coordinación editorial y maquetación: Patricia Reverté
Revisión de textos: Mariló Caballer Gil
Imagen cubierta: © Joci Sampaio/Shutterstock.com
Adaptación cubierta al español: Feriche Black

Este libro y la tarjeta interior no son oficiales ni cuentan con el respaldo de Taylor Swift, ella no ha participado en su elaboración. Ha sido escrito por *swifties* para *swifties*. Se ha intentado en la medida de lo posible garantizar que toda la información sea correcta. En caso de que hubiera algún error, pedimos disculpas y estaremos encantados de introducir las correcciones oportunas en futuras ediciones.

Impreso en España – Printed in Spain
Depósito legal: B 9989-2026
Impresión y encuadernación: Liberdúplex
Barcelona – España

162

FSC www.fsc.org
MIXTO
Papel | Apoyando la silvicultura responsable
FSC® C109440

DE

....

PARA

....

INTRODUCCIÓN

Estimado lector o lectora:

Si para ti Taylor es un modelo a seguir, una gran heroína o la banda sonora de tu vida, ¡tus sueños más descabellados («Wildest Dreams») están a punto de hacerse realidad! A través de un recorrido por su extraordinaria trayectoria —de ser una chica «pueblerina» a convertirse en una de las artistas más exitosas y empoderadas del siglo XXI—, este libro te abrirá las puertas de acceso al fascinante mundo de Taylor Swift.

Ponte a prueba con las trivias sobre Taylor para convertirte en un verdadero *swiftie*, encuentra tu nuevo lema de vida en sus sabios consejos y conoce mejor su faceta personal y profesional con datos que te permitirán situarte en la primera fila.

El universo de Taylor Swift es un sincero homenaje a Taylor, a sus fieles fans y a nuestra eterna historia de amor («Love Story»), una historia que será memorable para los *swifties* de todo el mundo, para siempre (*Evermore*).

...*Ready for it?*

OTRAS MUJERES QUE ESTÁN TRIUNFANDO DEBERÍAN

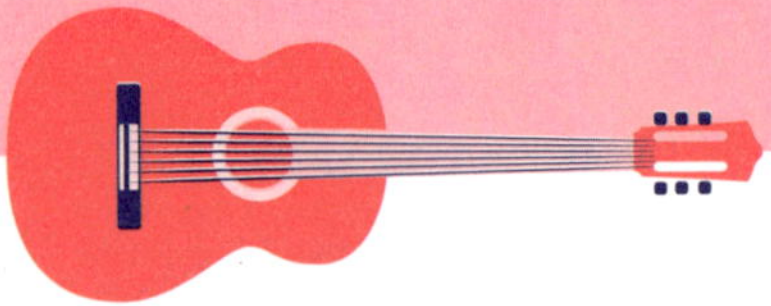

MOTIVARTE, EMOCIONARTE, DESAFIARTE E INSPIRARTE.

TAYLOR SWIFT

¿SABÍAS QUE...

Los libritos con las letras de los CD de Taylor contienen mensajes ocultos. En sus cuatro primeros álbumes, las letras mayúsculas, que parecen aleatorias, forman en realidad palabras o frases que van desde nombres de personas hasta pistas más crípticas. Y, para seguir manteniéndonos en vilo a todos los *swifties*, Taylor hizo justo lo contrario en su álbum *1989*, donde como código utiliza letras minúsculas.

Según la Pet Rich List 2023, ¿cuál es la fortuna de Olivia Benson, una gata de Taylor?

a) 13 millones de dólares

b) 65 millones de dólares

c) 97 millones de dólares

SI VAN SURGIENDO
INCONVENIENTES,
PROBABLEMENTE
ES PORQUE
ESTÁS HACIENDO
ALGO NUEVO.

TAYLOR SWIFT

¿SABÍAS QUE...

¡Casi se puso el nombre de Taylor a un impuesto! En 2015, el gobierno de Rhode Island propuso que se pagara un impuesto de lujo para cualquier segunda vivienda del Estado valorada en más de un millón de dólares. Inspirado en la compra que hizo Taylor de su famosa casa de playa en Rhode Island, High Watch, por 17,75 millones de dólares, el gravamen recibió el sobrenombre de «impuesto Taylor Swift», aunque al final no llegó a aprobarse.

Taylor compuso su primera canción cuando solo tenía doce años y solo sabía tocar tres acordes de guitarra (Do, Re y Sol). ¿Cómo se titulaba?

a) «I'd Lie»

b) «Lucky You»

c) «Tim McGraw»

Sé valiente,
confía en tu
instinto y ten
claro cuándo
contraatacar.

TAYLOR SWIFT

¿SABÍAS QUE...

En sus álbumes, Taylor siempre reserva un lugar especial para sus canciones de desamor. ¿En serio pensabas que es pura coincidencia que temas tan conmovedores como «Dear John», «All Too Well», «My Tears Ricochet» y «So Long, London» ocupen todos el quinto lugar en sus respectivas listas de canciones?

Desde una serie de etéreas indumentarias de estilo folclórico hasta un *catsuit* con motivos de serpientes para su álbum *Reputation*, el impresionante vestuario de Taylor protagonizó su gira The Eras Tour, que batió récords y quedó plasmada en la película-concierto del mismo nombre. Pero ¿cuántos cambios de vestuario hubo durante la actuación?

a) 10

b) 13

c) 16

PASE LO QUE PASE, TIENES QUE CREER EN EL AMOR.

TIENES QUE CREER EN LAS HISTORIAS DE AMOR, EN LOS PRÍNCIPES AZULES Y EN EL «Y VIVIERON FELICES PARA SIEMPRE».

TAYLOR SWIFT

¿SABÍAS QUE...

Aunque Taylor es conocida por dejar pistas en su trabajo que insinúan sus próximos planes, en una ocasión tendió una trampa a sus fans. La noche antes de la 66.ª edición de los Premios Grammy, Taylor cambió todas las fotos de perfil de sus redes sociales a blanco y negro, lo que llevó al mundo a creer que se anunciaría *Reputation (Taylor's Version)*, pero nos dejó boquiabiertos con un álbum completamente nuevo: *The Tortured Poets Department*.

¿En cuál de estas películas de animación apareció la canción del álbum *1989* «Welcome to New York»?

---

a) *Soul*

b) *Bolt*

c) *La vida secreta de tus mascotas (The Secret Life of Pets)*

CUANDO HAS
HERIDO A ALGUIEN
QUE REALMENTE
TE IMPORTA,
PEDIRLE PERDÓN
NO CUESTA NADA.

TAYLOR SWIFT

¿SABÍAS QUE...

No es ningún secreto que Taylor compuso «Enchanted», una de las canciones favoritas de sus fans, pensando en Adam Young, de Owl City, pero ¿sabías que él, a su vez, hizo su versión de una canción como respuesta? En 2011, Adam le escribió una carta a Taylor que compartió en su página de Tumblr antes de grabar su propia versión cantada para hacerle saber que él también estaba «encantado» de haberla conocido.

¿Quién es el único artista invitado en el octavo álbum de estudio de Taylor, *Folklore*?

a) The National

b) Bon Iver

c) The Civil Wars

El único riesgo
real es tener
demasiado miedo
a arriesgarse.

TAYLOR SWIFT

¿SABÍAS QUE...

A Taylor le pusieron ese nombre en honor al cantautor James Taylor; no solo porque fuera uno de los artistas favoritos de sus padres, sino también porque creían que un nombre neutro en cuanto al género le ayudaría a labrarse una carrera en cualquier ámbito en el que las mujeres estuvieran infravaloradas, especialmente en el mundo empresarial.

Famosa por su grupo de amigas inseparables, Taylor siempre ha cultivado la amistad femenina. Pero ¿sabes cuál de ellas dirigió el videoclip «I Bet You Think About Me (Taylor's Version) (From the Vault)»?

---

a) Lena Dunham

b) Blake Lively

c) Selena Gomez

LA MÚSICA ES
LO ÚNICO QUE
SIEMPRE ME HA
QUEDADO BIEN,

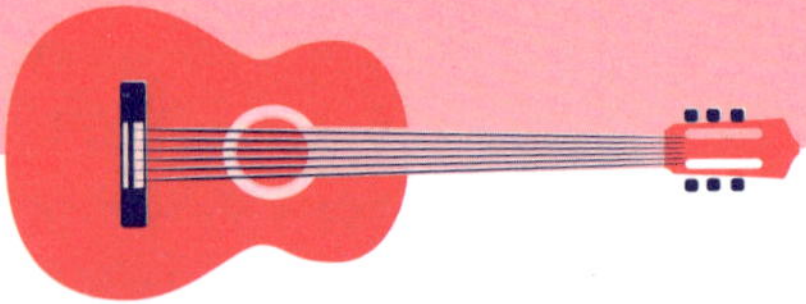

COMO ESE
VESTIDITO NEGRO
QUE TE PONES CADA
VEZ QUE SALES.

TAYLOR SWIFT

¿SABÍAS QUE...

En el videoclip de «Look What You Made Me Do», Taylor se baña en una bañera llena de diamantes en lugar de billetes. Sus fans especulan que el billete de un dólar que se ve en la toma representa el dólar simbólico que en 2017 le fue concedido en concepto de indemnización cuando ganó un juicio por agresión sexual contra un antiguo locutor de radio.

Del videoclip «22» de Taylor, todos recordamos el sombrero fedora y esas icónicas gafas en forma de corazón, pero ¿cuál era el eslogan de su camiseta?

a) Junior Jewels

b) Not a lot going on at the moment

c) I ♥ NY

HAY DOS MANERAS
DE SUPERAR EL
DOLOR. PUEDES
DEJAR QUE
TE DESTRUYA,
O PUEDES
UTILIZARLO COMO
COMBUSTIBLE
PARA IMPULSARTE
A SOÑAR A
LO GRANDE Y
A TRABAJAR
MÁS DURO.

TAYLOR SWIFT

¿SABÍAS QUE...

Si fueras a pasar una noche de fiesta con Taylor, su bebida preferida sería un vodka bien frío con Coca-Cola Light. Por otro lado, si fueras con ella a un restaurante de comida rápida con autoservicio, pediría una hamburguesa con queso, patatas fritas y un batido de chocolate.

¿Qué novela clásica inspiró la canción «Tolerate It» de *Evermore*?

---

a) ***Rebecca***
de Daphne du Maurier

b) ***Cumbres borrascosas***
de Emily Brontë

c) ***Orgullo y prejuicio***
de Jane Austen

Si escribes,
podrás descubrir
muchísimas
cosas nuevas
de ti misma.

TAYLOR SWIFT

¿SABÍAS QUE...

Con solo catorce años, Taylor fue descubierta por el ejecutivo discográfico Scott Borchetta cuando actuaba en una sala de audiciones en Nashville. Taylor fue una de las primeras artistas que firmó con Big Machine Records, el nuevo sello discográfico independiente de Borchetta, que lanzó su álbum debut en octubre de 2006. Un año después, ya se habían vendido más de un millón de copias.

¿En cuál de estas películas *no* aparece Taylor?

a) ***Ámsterdam***

b) ***El día de San Valentín***

c) ***Monte Carlo***

PASE LO QUE
PASE EN LA VIDA,
SÉ AMABLE CON
LA GENTE.

**SER AMABLE CON
LOS DEMÁS ES
UN MARAVILLOSO
LEGADO QUE DEJAR.**

TAYLOR SWIFT

¿SABÍAS QUE...

En 2019, Taylor centró sus esfuerzos filantrópicos en el apoyo a la comunidad LGBTQ+. Inició una petición para que la Ley de Igualdad llegara al despacho del presidente con el fin de que fuera sometida a votación en el Senado. Taylor promovió esta petición mencionándola explícitamente en el videoclip «You Need to Calm Down», ambientado en el orgullo LGTBIQ+.

¿Qué canción compuso Taylor para su banda de acompañamiento, The Agency?

a) «Long Live»

b) «Change»

c) «I'm Only Me When I'm With You»

ES LO MÁS
DESESPERANTE,
HERMOSO, MÁGICO,
HORRIBLE, DOLOROSO,
MARAVILLOSO Y
CONMOVEDOR QUE
HAY EN EL MUNDO:
EL AMOR.

TAYLOR SWIFT

¿SABÍAS QUE...

Los hijos de Blake Lively y Ryan Reynolds aparecen en las canciones de Taylor. Sus nombres —James, Betty e Inez— se mencionan en el álbum *Folklore*, y la voz de James introduce el tema «Gorgeous» del álbum *Reputation*, por eso sale en los créditos del librito con las letras de las canciones.

En 2022, ¿qué universidad estadounidense concedió a Taylor un doctorado *honoris causa* en Bellas Artes?

a) **Yale**

b) **NYU**

c) **Harvard**

Tú eres quien define lo que es bello y lo que merece la pena.

TAYLOR SWIFT

¿SABÍAS QUE...

A Taylor, las letras o las melodías de sus canciones a veces le vienen en sueños. En cuanto se despierta, se graba cantando con su teléfono o garabatea sus ideas. En una entrevista, Taylor reveló que así fue cómo surgió la canción «All You Had To Do Was Stay», del álbum *1989*.

¿Qué banda protagonizó el videoclip «Bejeweled»?

a) HAIM

b) The Chicks

c) Fifth Harmony

CON CADA REINVENCIÓN, NUNCA QUISE DERRIBAR MI PROPIA CASA.

PORQUE YO CONSTRUÍ ESTA CASA.

TAYLOR SWIFT

¿SABÍAS QUE...

El trece no es el número de la suerte de Taylor simplemente porque naciera un día 13. Taylor ha experimentado muchas sincronías con este número: su primer éxito, «Tim McGraw», tenía una introducción de 13 segundos, y su primer disco fue certificado como Disco de Oro en 13 semanas. Incluso durante muchos años, antes de sus conciertos, se pintaba el número 13 en la mano con la que rasgueaba la guitarra.

¿Cuál de estas estrellas *no* hizo una aparición especial en el videoclip «Bad Blood»?

a) Hayley Williams

b) Lana Del Rey

c) Ellie Goulding

MUCHAS DE LAS MEJORES COSAS QUE HE HECHO A NIVEL CREATIVO FUERON COSAS POR LAS QUE TUVE QUE LUCHAR DE VERDAD —Y ME REFIERO A UNA LUCHA AGRESIVA— PARA QUE SE HICIERAN REALIDAD.

TAYLOR SWIFT

¿SABÍAS QUE...

El *hilo invisible* al que se refiere Taylor en la canción «Invisible String» del álbum *Folklore* se inspira en un mito popular de Asia Oriental sobre el hilo rojo del destino. Se trata de un cordón de color rojo que une a dos almas gemelas a través del tiempo y el espacio. Taylor también utilizó esta imagen en el videoclip «Willow».

Taylor actualizó una letra muy controvertida cuando lanzó su versión del álbum *Speak Now*. ¿En qué tema se puede encontrar esta nueva letra?

---

a) «Superman (Taylor's Versión)»

b) «Better Than Revenge (Taylor's Versión)»

c) «The Story of Us (Taylor's Versión)»

La gente
no siempre
ha estado
a mi lado, pero
la música sí.

TAYLOR SWIFT

¿SABÍAS QUE...

Taylor es la reina del delineado *cat eye* (ojos de gato) y ha admitido que una vez utilizó un rotulador Sharpie en el baño de un avión cuando no tenía ningún delineador a mano. Sin embargo, desaconseja encarecidamente a sus fans que sigan su ejemplo.

Taylor se sometió a una impresionante transformación física para su papel en el videoclip «The Man», para el cual utilizó prótesis, mucho maquillaje e incluso un traje de músculos. Pero ¿quién prestó su voz al *alter ego* masculino de Taylor?

a) Leonardo DiCaprio

b) Dwayne Johnson

c) Ryan Gosling

CADA UNO DE
MIS FRACASOS
HA DADO LUGAR A

UNA CANCIÓN DE
LA QUE ME SIENTO
ORGULLOSA.

TAYLOR SWIFT

¿SABÍAS QUE...

Aunque Taylor hizo muchas de sus primeras canciones sentada en el suelo de su habitación, escribió «Everything Has Changed» junto a Ed Sheeran mientras ambos saltaban en la cama elástica de su jardín.

¿Qué tema de *Fearless* se inspiró en la mejor amiga de Taylor del instituto?

a) «The Best Day»

b) «Fifteen»

c) «Hey Stephen»

UNA DE LAS COSAS
QUE HAY QUE
APRENDER PARA
SER LA MEJOR
AMIGA POSIBLE
ES SABER CUÁNDO
DEJAR QUE LOS
DEMÁS RESUELVAN
LAS COSAS POR
SU CUENTA.

TAYLOR SWIFT

¿SABÍAS QUE...

A Taylor le encantan los abrazos. Cuando lució un minivestido floral de cuento de hadas de Oscar de la Renta valorado en 9.000 dólares —y una mascarilla a juego— en la 63.ª edición de los premios Grammy, se le descosió una costura bajo el brazo derecho durante la velada. La prensa dirá que probablemente ocurrió mientras celebraba su victoria con sus colaboradores, pero los *swifties* especulan que el percance se debió a que fue demasiado efusiva abrazando a la gente.

¿Cuál de estas canciones empieza con el sonido de las sirenas?

a) «I Did Something Bad»

b) «Getaway Car»

c) «No body, No crime»

Tienes que haber escrito cien canciones antes de escribir una que sea buena.

TAYLOR SWIFT

¿SABÍAS QUE...

Taylor tiene una forma única, y hasta ahora secreta, de clasificar su música. A través de las listas de reproducción de Apple Music y Spotify, reveló que clasifica sus canciones en «canciones de pluma de ave», «canciones de pluma estilográfica» o «canciones de rotulador brillante», según el estado de ánimo que transmiten las letras.

¿Cuál de estas canciones *solo* apareció en *Midnights (The Til Dawn Edition)*?

a) «Bigger Than the Whole Sky»

b) «Hits Different»

c) «The Great War»

PUEDE QUE A LO LARGO DEL CAMINO PIERDAS ALGUNAS AMISTADES,

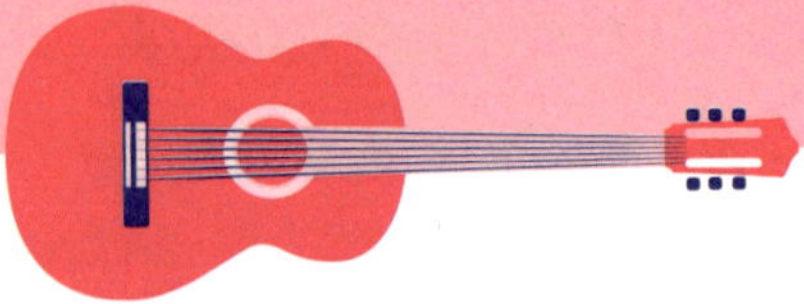

PERO SIEMPRE CONSERVARÁS LOS RECUERDOS.

TAYLOR SWIFT

¿SABÍAS QUE...

Taylor se crio en una finca de unas 4,5 hectáreas en la que se cultivaban árboles de Navidad, en Reading, Pensilvania. Una de sus tareas consistía en recoger los sacos de huevos de las mantis religiosas de los árboles y liberarlas al bosque, antes de que los árboles se vendieran. ¡Un detalle que, como era de esperar, no aparece en su sencillo de 2019 «Christmas Tree Farm»!

¿Cuál fue el primer sencillo que se lanzó del séptimo álbum de estudio de Taylor, *Lover*?

---

a) «You Need to Calm Down»

b) «Cruel Summer»

c) «ME!»

NO VAS POR MAL
CAMINO SOLO
PORQUE AÚN
NO ESTÁS DONDE
QUIERES ESTAR.

TAYLOR SWIFT

¿SABÍAS QUE...

Una guitarra azul, ahora icónica, decorada con incrustaciones de peces koi acompañó a Taylor en la gira mundial Speak Now, entre 2011 y 2012. Siempre ingeniosa, Taylor lanzó su regrabación de *Speak Now* más de una década después, el 7 de julio, Día Nacional del Pez Koi.

¿Cuántas copias se vendieron del álbum *1989* en su primera semana?

a) 1.180.000

b) 1.240.000

c) 1.280.000

Tú eres el único
que puede
decidir cómo te
van a recordar.

TAYLOR SWIFT

¿SABÍAS QUE...

Tres canciones del álbum *Folklore* forman parte, en realidad, de la misma historia: «Cardigan», «August» y «Betty» están narradas desde la perspectiva de tres personas y cuentan la historia de un romance de verano. Taylor se refiere a esta trilogía como «el triángulo amoroso adolescente».

¿Cuál de estas canciones *no* era una canción inédita de *Fearless (Taylor's Version)*?

a) «Mr. Perfectly Fine»

b) «Untouchable»

c) «We Were Happy»

INTENTARLO Y FRACASAR,

VOLVER A INTENTARLO Y VOLVER A FRACASAR ES NORMAL.

TAYLOR SWIFT

¿SABÍAS QUE...

Durante muchos años, Taylor llevó gafas o lentes de contacto para corregir su miopía (su graduación era de –1,5) hasta que se sometió a una cirugía ocular LASIK. Su madre grabó a Taylor recuperándose de la anestesia, y el divertidísimo vídeo se convirtió al instante en un meme: «Estoy bien… ¡No estoy durmiendo, mi mente está despierta!».

¿Qué canción compuso Taylor específicamente sobre su desilusión de la política estadounidense tras las elecciones de medio mandato de 2018?

---

a) «Only the Young»

b) «Miss Americana & the Heartbreak Prince»

c) «You Need to Calm Down»

DESTIERRA
EL DRAMA. EN
TU VIDA SOLO
HAY ESPACIO Y
ENERGÍA PARA
DEDICÁRSELA A UN
NÚMERO LIMITADO
DE PERSONAS.
SÉ SELECTIVA.

TAYLOR SWIFT

¿SABÍAS QUE...

La abuela de Taylor, Marjorie Finlay, tras haber ganado un concurso de talentos de una cadena de radio en 1950, se fue de gira con el espectáculo *Music With the Girls*. Fue una reconocida cantante de ópera e inspiró a Taylor a dedicarse a la música. De hecho, en los coros del tema «Marjorie» del álbum *Evermore*, se puede escuchar la voz de la soprano Finlay.

¿Cuál de estos artistas *no* fue un invitado sorpresa en la gira Reputation Stadium Tour?

a) Bryan Adams

b) Sara Bareilles

c) Niall Horan

¡Nunca olvides tu esencia!

TAYLOR SWIFT

¿SABÍAS QUE...

La música de Taylor tiene numerosas influencias del country, especialmente de artistas femeninas carismáticas conocidas por su determinación y su audacia. Entre otras, Shania Twain, The Chicks y, por supuesto, LeAnn Rimes, la heroína de su infancia que comenzó su carrera musical con solo trece años.

¿Qué tema de *Reputation* se dice que trata sobre la relación de Taylor con Tom Hiddleston?

a) «Don't Blame Me»

b) «Getaway Car»

c) «This Is Why We Can't Have Nice Things»

ME ENCANTA
ESCRIBIR CANCIONES
PORQUE ME ENCANTA
CONSERVAR
RECUERDOS;

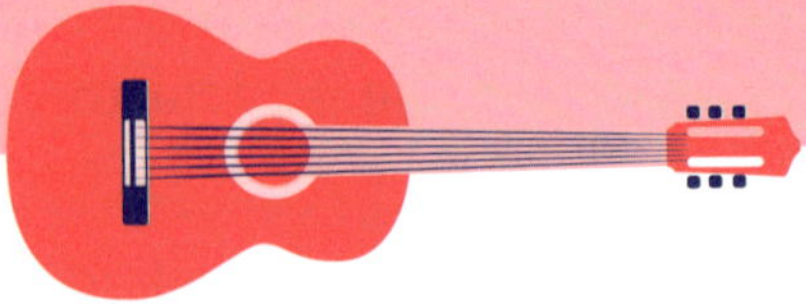

ES COMO ENMARCAR
UN SENTIMIENTO QUE
ALGUNA VEZ TUVISTE.

TAYLOR SWIFT

¿SABÍAS QUE...

Aunque Taylor ha tenido famosos colaboradores a lo largo de los años, como Aaron Dessner y Jack Antonoff, con tan solo diecinueve años fue ella misma quien compuso *todas* las canciones del álbum *Speak Now*. Era una respuesta a aquellos críticos que especulaban diciendo que ella no había compuesto la música de sus dos álbumes anteriores.

La gira Eras Tour, que repasa toda la carrera de Taylor, contó con el impresionante repertorio de 44 canciones fijas y dos canciones acústicas sorpresa, y el espectáculo duró más de tres horas. Pero ¿cuál fue la primera canción del repertorio de la gira Eras Tour?

a) «Lover»

b) «...Ready For It?»

c) «Miss Americana & the Heartbreak Prince»

CREO QUE ES IMPORTANTE QUE SEPAS QUE NUNCA CAMBIARÉ. PERO TAMBIÉN QUE NO SEGUIRÉ SIENDO SIEMPRE LA MISMA.

TAYLOR SWIFT

¿SABÍAS QUE...

Taylor tiene enmarcada una fotografía del momento en que Kanye West interrumpió de forma tan sonada su discurso de agradecimiento por el premio al mejor vídeo femenino en los VMA de 2009. La foto está colgada en el salón de su dúplex de Nashville sobre una leyenda escrita a mano que dice: «La vida está llena de pequeñas interrupciones».

¿Cuál de los gatos de Taylor aparece en el videoclip «Blank Space»?

a) Meredith Grey

b) Olivia Benson

c) Benjamin Button

Siempre tengo miedo al fracaso. Tengo que aplacar ese miedo si quiero levantarme por la mañana.

TAYLOR SWIFT

¿SABÍAS QUE...

¡Taylor compuso e interpretó el éxito «Our Song» para el concurso de talentos de su tercer curso de la escuela secundaria! No podía imaginar que con esa misma canción se convertiría en la persona más joven que había compuesto e interpretado un sencillo de música country que alcanzaría el número uno en la lista Hot Country Songs.

¿Cuándo se publicó el décimo álbum de estudio de Taylor, *Midnights*?

---

a) abril de 2021

b) octubre de 2022

c) julio de 2023

RENDIRSE NO SIEMPRE SIGNIFICA SER DÉBIL.

A VECES, ERES LO SUFICIENTEMENTE FUERTE COMO PARA ABDICAR.

TAYLOR SWIFT

¿SABÍAS QUE...

¡Puedes estudiar la vida de Taylor Swift en la universidad! La Universidad de Stanford, la Universidad Estatal de Arizona, la Universidad de Gante y la Universidad Queen Mary de Londres fueron las primeras en ofrecer asignaturas que analizan la carrera y el impacto cultural de Taylor. Y es más, en 2023 la Universidad de Melbourne, en Australia, celebró el Swiftposium, una conferencia académica de tres días dedicada a Taylor.

¿Cuál de estas canciones *no* trata sobre uno de los abuelos de Taylor?

---

a) «Mary's Song»

b) «Epiphany»

c) «Marjorie»

CUANDO POR LA
NOCHE ME VOY
A LA CAMA, DOY
GRACIAS POR
HABER SIDO YO
MISMA ESE DÍA.
Y HE SIDO YO
MISMA TODOS LOS
DÍAS ANTERIORES.

TAYLOR SWIFT

¿SABÍAS QUE...

El tema «Love Story» del *álbum Fearless* no solo es especial por ser uno de los cuentos de hadas favoritos de sus fans. También fue la primera canción en alcanzar el número uno en Estados Unidos tanto en las listas de música pop *como* en las de música country.

¿Cuál fue el primer álbum
del que Taylor poseía
los derechos de grabación?

a) *Fearless (Taylor's Version)*

b) *Lover*

c) *Folklore*

Me da pánico llegar a ser una persona normal y corriente.

TAYLOR SWIFT

¿SABÍAS QUE...

Taylor ha explicado que quizá nunca interprete la canción «Soon You'll Get Better». Escribió este tema sobre la lucha de su madre contra el cáncer, y pensaba que interpretarla la emocionaría demasiado. Sin embargo, sí que tocó un solo de piano de la canción en el especial televisivo *One World: Together at Home* durante la pandemia de COVID-19, y en ese momento adquirió un significado diferente.

¿Qué elementos de sonido ambiental se incluyen en las canciones «Exile» y «Evermore»?

a) canto de pájaros

b) lluvia

c) olas

LA GENTE SIEMPRE
TE VA A JUZGAR.

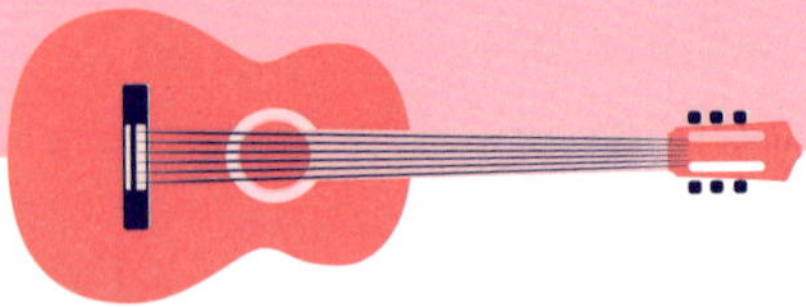

ASÍ QUE MÁS VALE
QUE HAGAS LO
QUE QUIERAS.

TAYLOR SWIFT

¿SABÍAS QUE...

Taylor ha causado una verdadera sensación en el mundo con las regrabaciones de sus primeros seis álbumes. En 2019, un agente artístico adquirió los derechos de sus grabaciones originales y los revendió; una transacción que, al parecer, se llevó a cabo a sus espaldas y a pesar de que ella misma quería comprarlos. Por ello, volvió a grabar sus álbumes con el fin poseer los derechos de autor completos de su obra.

¿Cómo se titulaba el documental autobiográfico original de Netflix de 2020 sobre la carrera y el proceso de composición de Taylor?

---

a) *Miss América*

b) *Miss Americana*

c) *La novia de América*

VIVIMOS EN UN
MUNDO EN EL
QUE CUALQUIERA
PUEDE DECIR LO
QUE QUIERA SOBRE
TI EN CUALQUIER
MOMENTO. PERO,
POR FAVOR,
RECUERDA QUE
TIENES TODO
EL DERECHO A
DEMOSTRARLES
QUE ESTÁN
EQUIVOCADOS.

TAYLOR SWIFT

¿SABÍAS QUE...

Inicialmente, Taylor puso el título de *Daylight* a su séptimo álbum de estudio. Sin embargo, consideró que este título podría resultar demasiado obvio, dado el cambio de tono respecto a su anterior álbum, *Reputation*, más oscuro, por lo que optó por la palabra *Lover*.

En la canción «Wonderland» del álbum *1989*, ¿de qué color son los ojos de la persona amada?

---

a) azules

b) marrones

c) verdes

Nunca confies en alguien que te diga que no te mereces eso que quieres.

TAYLOR SWIFT

¿SABÍAS QUE...

Cuando tenía catorce años, Taylor se pasó el verano escribiendo una novela juvenil a la que tituló *A Girl Named Girl*. Sus padres aún conservan una copia del manuscrito, y ella ha registrado el título como marca comercial, lo que sugiere que podría estar reservándolo para un proyecto futuro...

¿Cuál es el título, según se dice, del mítico «álbum perdido» de Taylor que supuestamente sustituyó por *Reputation*?

a) ***Comeback***

b) ***Vendetta***

c) ***Karma***

SOY INTELIGENTE,
A MENOS QUE
ESTÉ MUY, MUY
ENAMORADA,

Y ENTONCES SOY
RIDÍCULAMENTE
ESTÚPIDA.

TAYLOR SWIFT

¿SABÍAS QUE...

En 2017, Taylor lanzó una aplicación llamada *The Swift Life* que ofrecía a los usuarios las últimas novedades sobre su vida, además de la posibilidad de interactuar entre ellos ¡e incluso con ella misma! Los usuarios también podían acceder a contenido exclusivo, como los «taymojis», que eran los emojis personalizados de Taylor. Lamentablemente, la aplicación dejó de estar disponible en 2019.

En la canción «Starlight» del álbum *Red*, ¿dónde conoció a Bobby la narradora?

a) en una fiesta del club náutico

c) en el paseo marítimo

c) en la playa

TENEMOS QUE VIVIR
CON VALENTÍA
PARA SENTIRNOS
REALMENTE
VIVOS, Y ESO
SIGNIFICA NO
DEJARNOS DOMINAR
POR NUESTROS
MAYORES MIEDOS.

TAYLOR SWIFT

¿SABÍAS QUE...

Taylor se ha declarado abiertamente fan de la saga *Crepúsculo* y solicitó participar como extra en la segunda película, *Luna nueva*. Los *swifties* han especulado que la canción «Haunted» en realidad se inspiró en esa saga y que quien narra la historia es Bella Swan.

¿Cuánto tiempo tardó Taylor en escribir la canción «Love Story»?

a) 20 minutos

b) una hora

c) una semana

Cada vez que alguien me dice que no puedo hacer algo, me entran más ganas de hacerlo.

TAYLOR SWIFT

¿SABÍAS QUE...

La Super Bowl de 2024 atrajo a 123,4 millones de espectadores; lo que la convierte no solo en la Super Bowl más vista de todos los tiempos, sino también en el segundo programa de televisión más visto de la historia (el alunizaje del Apolo 11 ocupa el primer puesto). Los analistas han atribuido este éxito a la presencia de Taylor Swift en el partido, ya que asistió para apoyar a su pareja, Travis Kelce.

¿En qué Estado de EE. UU. nació Taylor?

a) Nueva York

b) Tennessee

c) Pensilvania

SI TE OBSESIONAS DEMASIADO CON LO QUE LA GENTE

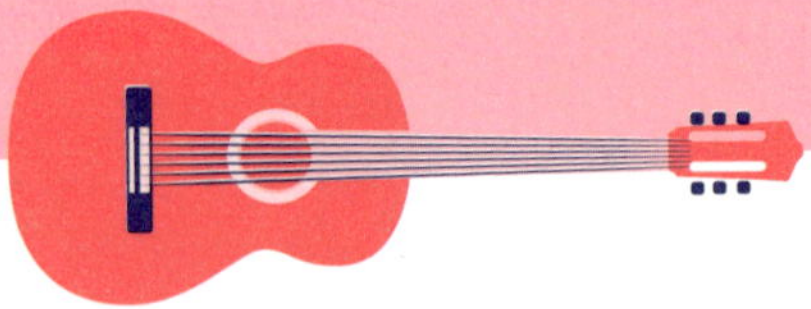

PIENSA DE TI, ESO PUEDE CAMBIAR TU ESENCIA COMO PERSONA.

TAYLOR SWIFT

XIII ARCANA XIII

The Showgirl

EDICIÓN HOMENAJE

nuu

TS · 13

TS

TS · 13

nuu

¿SABÍAS QUE...

Se dice que la canción «Speak Now» se inspiró en una de las mejores amigas de Taylor, Hayley Williams, y en su experiencia al asistir a la boda de su exnovio y antiguo compañero de la banda Paramore, Josh Farro. Al parecer, Taylor le dijo a Hayley que, si tenía alguna objeción, «habla ahora» (*speak now*).

¿Cuál es el fondo visual del vídeo con la letra de la canción «Dorothea», del álbum *Evermore*?

---

a) las gradas de un estadio deportivo

b) una valla publicitaria

c) praderas

EL AMOR ES LA
ÚNICA INCÓGNITA.

TAYLOR SWIFT

¿SABÍAS QUE...

Taylor ha sido la primera presentadora del show estadounidense *Saturday Night Live* que escribió su propio monólogo. Normalmente, el equipo de guionistas del programa lo prepara, pero Taylor lo escribió ella misma, creando la ya icónica «Monologue Song (La La La)».

En la canción «The Last Great American Dynasty», del álbum *Folklore*, ¿de qué color tiñó Rebekah al perro de su vecino?

a) rosa

b) verde

c) granate

Sé tú mismo, persigue tus sueños y, simplemente, nunca digas nunca.

TAYLOR SWIFT

¿SABÍAS QUE...

Taylor compuso la canción «Crazier», que formó parte de la banda sonora de *Hannah Montana: la película*. Incluso tuvo un cameo en la película y se la puede ver interpretando la canción en la escena del baile en el granero.

Taylor ha regalado a los *swifties* no una, ni dos, sino *tres* remezclas (*remixes*) del tema «Willow», incluido en el álbum *Evermore*. ¿Cuál de las siguientes opciones *no* es el nombre de una remezcla?

a) «sad witch version»

b) «lonely witch version»

c) «dancing witch version»

SIENTO ENVIDIA, PERO HE ESTADO INTENTANDO CANALIZARLA

HACIA LA ADMIRACIÓN MUTUA Y LA INSPIRACIÓN.

TAYLOR SWIFT

¿SABÍAS QUE...

Aunque Taylor es más conocida como guitarrista, también sabe tocar el piano, el banjo y el ukelele.

Cuando tenía doce años, ¿en el partido de qué equipo profesional de baloncesto cantó Taylor el himno nacional?

a) Memphis Grizzlies

b) Philadelphia 76ers

c) Chicago Bulls

PARA MÍ,
LAS CANCIONES
SON COMO UN
MENSAJE DENTRO
DE UNA BOTELLA.
LAS LANZAS AL
MUNDO, Y QUIZÁS
LA PERSONA A LA
QUE ENVÍAS TUS
SENTIMIENTOS
LAS ESCUCHE
ALGÚN DÍA.

TAYLOR SWIFT

¿SABÍAS QUE...

El «repiqueteo de tambor» que se oye en la canción «Wildest Dreams» del álbum *1989* es, en realidad, una grabación de los latidos del corazón de la propia Taylor. Pensó que los latidos del corazón plasmarían la parte romántica de la canción, e incluso incluyó a su corazón en los créditos.

Durante su gira Red Tour, Taylor se vistió como una artista de circo para interpretar una canción. ¿Cuál era?

---

a) «The Lucky One»

b) «We Are Never Ever Getting Back Together»

c) «22»

La felicidad y
la confianza
son la mejor
indumentaria
que puedes
ponerte.

TAYLOR SWIFT

¿SABÍAS QUE...

Cuando Taylor salió con el actor Taylor Lautner tras conocerse en el rodaje de la comedia romántica *Valentine's Day*, los paparazzi bautizaron a la pareja como «Taylor al cuadrado». Tras su ruptura mantuvieron una buena relación; y, pasada más de una década, Taylor Lautner apareció como invitado en el videoclip «I Can See You (Taylor's Version) (From the Vault)».

¿Qué etapa o «era» de Taylor representa el cuarto de baño de la Lover House?

a) *1989*

b) ***Reputation***

c) ***Lover***

LA GENTE
HABLARÁ DE TI.

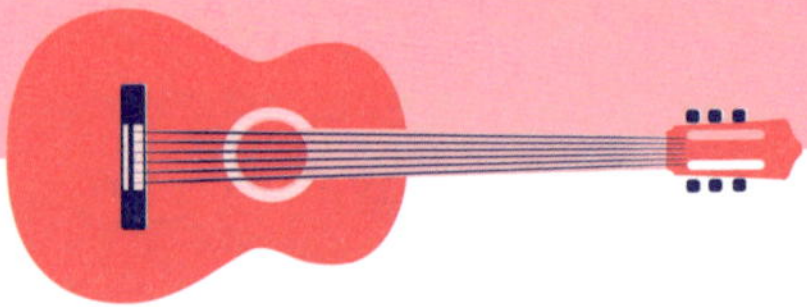

PERO
PROBABLEMENTE
TÚ TE DIVERTIRÁS
MÁS QUE ELLOS.

TAYLOR SWIFT

¿SABÍAS QUE...

Taylor disfruta dándose un atracón de episodios de *Friends* para relajarse tras el subidón de adrenalina que supone actuar en un estadio repleto de gente. Su rutina de recuperación consiste en descansar durante un día entero, en el que solo se levanta de la cama para ir a por comida... ¡y se vuelve a meter en la cama para zampársela!

En la canción «Mine» del álbum
Speak Now, ¿a qué hora
fue la pelea de la pareja?

---

a) 1:58 h

b) 2:00 h

c) 2:30 h

EL SILENCIO HABLA
MUCHO MÁS FUERTE
QUE LOS GRITOS
Y LAS RABIETAS.
NUNCA LE DES A
NADIE UNA EXCUSA
PARA QUE DIGA
QUE ESTÁS LOCA.

TAYLOR SWIFT

¿SABÍAS QUE...

¡Taylor posó para Abercrombie & Fitch en su campaña Rising Stars de 2003! En esa foto, inquietantemente premonitoria, aparece Taylor con su guitarra, secándose una lágrima, tres años antes del lanzamiento de la balada «Teardrops On My Guitar».

En la canción «All Too Well» del álbum *Red*, ¿qué prenda de vestir deja Taylor olvidada?

a) su abrigo

b) su bufanda

c) su gorro

Tal vez no hayas nacido para adaptarte. Quizás hayas nacido para sobresalir.

TAYLOR SWIFT

¿SABÍAS QUE...

Una vez se extendió el rumor de que las piernas de Taylor estaban aseguradas por la friolera de 40 millones de dólares, por si se diera el caso de sufrir una lesión que le impidiera actuar. Taylor se hizo eco del rumor y publicó en Instagram una foto de un arañazo en la pierna que le había hecho su gata Meredith, y le pidió que le pagara los 40 millones de dólares.

¿Cuál es el segundo nombre de Taylor?

a) Alison

b) Andrea

c) Marjorie

NO COMPITO CON OTROS ARTISTAS,

COMPITO CONMIGO MISMA.

TAYLOR SWIFT

¿SABÍAS QUE...

El talento de Taylor para la escritura creativa se hizo evidente desde muy temprana edad. Cuando solo tenía diez años, ganó un concurso nacional de poesía con un poema titulado «Hay un monstruo en mi armario».

¿Cuál es para Taylor su «animal espiritual»?

a) un gato

b) un zorro

c) una mariposa

SI ALGUIEN TE HACE
DAÑO, NO PASA
NADA SI LLORAS
A MARES. SOLO
RECUERDA QUE
HAS DE CONSTRUIR
UN PUENTE Y
CRUZARLO.

TAYLOR SWIFT

¿SABÍAS QUE...

La primera relación pública de Taylor fue con el cantautor Joe Jonas... quien, según se dice, rompió con ella en una llamada telefónica de 27 segundos. Los mensajes incluidos en los libritos con las letras de los CD de Taylor han confirmado que la trilogía «Forever & Always», «Last Kiss» y «Holy Ground» se inspiró en esta relación.

En la canción «Hey Stephen» del álbum *Fearless*, ¿cuántas razones dice Taylor que podría darle a Stephen para que la elija a ella?

a) 10

b) 50

c) 100

Creo que la perfección del amor es que no es perfecto.

TAYLOR SWIFT

¿SABÍAS QUE...

Taylor ha escrito bajo el seudónimo Nils Sjöberg. Compuso en su piano «This Is What You Came For», el tema de Calvin Harris con la colaboración de Rihanna, y también hizo los coros.

¿En qué serie debutó Taylor como actriz?

a) *CSI*

b) *Bones*

c) *Ley y orden*

CREO QUE SER VALIENTE ES TENER MUCHOS MIEDOS,

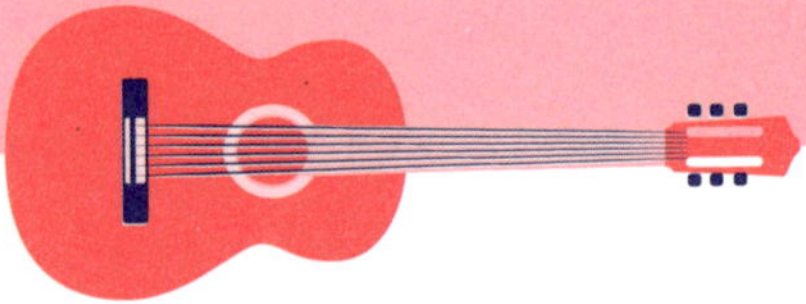

Y SALTAR DE TODAS FORMAS.

TAYLOR SWIFT

¿SABÍAS QUE...

En 2015, Taylor fue inmortalizada en una figura de cera en la galería Madame Tussauds de Hollywood. Además, pasó a formar parte de la exposición permanente de Madame Tussauds de Londres el 13 de diciembre de 2019, el día en que Taylor cumplió treinta años.

Taylor es conocida por organizar cenas y elaborar repostería. ¿Qué dulce suele preparar siempre en otoño?

a) galletas de azúcar con té chai

b) pastelillos de calabaza y especias

c) rollitos de manzana y canela

LA MEJOR LECCIÓN
QUE HE APRENDIDO
EN LA VIDA ES
QUE EN EL FUTURO
SIEMPRE VAS A
SABER MÁS DE LO
QUE SABES AHORA.

TAYLOR SWIFT

¿SABÍAS QUE...

El undécimo álbum de estudio de Taylor, *The Tortured Poets Department*, batió el récord histórico del álbum más reproducido en un solo día, superando los 300 millones de reproducciones en Spotify el día de su lanzamiento, el 19 de abril de 2024. ¡Una vez más, hizo historia!

¿Qué nombre le puso Taylor a la serpiente hinchable gigante que apareció en la gira Reputation World Tour?

a) Kim

b) Karyn

c) Kanye

Sé tú mismo, no hay nadie mejor.

TAYLOR SWIFT

CONCLUSIÓN

Ahora que has recibido esta potente dosis de palabras valientes (*fearless*) de la propia Taylor, además de conocer su creatividad y su resiliencia, tú también vas por el buen camino para soñar a lo grande, ignorar (*shaking off*) a tus detractores y tomar las riendas de tu vida.

Relee este pequeño libro cada vez que necesites volver a entrar en el universo de Taylor, ábrelo por cualquier página para estimular tu alegría de *swiftie*.

RESPUESTAS

8. c
11. b
14. c
17. c
20. b
23. b
26. b
29. a
32. c
35. a
38. b
41. a
44. b
47. b
50. b
53. b
56. c
59. b
62. c
65. c
68. b
71. b
74. b
77. b
80. c
83. b

86. b	122. a
89. a	125. b
92. b	128. b
95. a	131. a
98. b	134. c
101. c	137. b
104. c	140. a
107. c	143. b
110. a	146. b
113. c	149. a
116. c	152. a
119. b	155. b

CRÉDITOS DE LAS IMÁGENES

Imagen de portada y en todo el libro: Taylor Swift © Joci Sampaio/Shutterstock.com; p. 2 y en todo el texto: gafas de sol © ALEXOM11/ Shutterstock.com; p. 5: micrófono © Tartila/ Shutterstock.com; p. 6 y en todo el texto: guitarra © Vilmos Varga/Shutterstock.com; p. 8 y en todo el texto: botas de vaquero © kenyaa/ Shutterstock.com; p. 12 y en todo el texto: labios © Nadya_Art/Shutterstock.com; p. 20 y en todo el texto: gato © KittyVector/Shutterstock.com

En *nuu* imprimimos todos nuestros libros con papeles ecológicos certificados FSC que contribuyen al uso responsable y conservación de los bosques.